MAPPATURA MENTALE 4

L'ABC DI UNA MAPPATURA MENTALE EFFICACE 7

Definizione 7

Mappatura mentale al vostro servizio 7

Preparazione 12

Realizzazione 14

Un esempio di applicazione: primo romanzo 18

I MIGLIORI CONSIGLI 21

FAQ 23

Cosa rende una mappa mentale così originale? 23

Come si inizia a creare una mappa mentale? 23

Si può usare il mind mapping
per presentare un progetto? 24

Quali sono i principali vantaggi del mind mapping? 24

Come leggere una mappa mentale? 25

Devo usare un software per mappare le mie idee? 26

Devo avere conoscenze informatiche avanzate? 26

Il mind mapping può aiutarmi nello studio? 26

Una mappa mentale per qualsiasi progetto, davvero? 27

STA A VOI DECIDERE! 28

Fase 1 28

Passo 2 28

Passo 3 28

Passo 4 29

Passo 5 29

PER ANDARE OLTRE 30

Fonti bibliografiche 30

Fonti aggiuntive 30

MAPPATURA MENTALE

- **Problemi?** La mente umana è complessa e pensare in modo chiaro non è sempre facile quando ci sono così tanti elementi da considerare; quindi perché e come si dovrebbe usare la mappatura mentale per strutturare il pensiero?

- **A cosa serve?** La creazione di una mappa mentale consente di mettere rapidamente su carta le proprie idee, evidenziando direttamente i collegamenti tra i diversi elementi.

- **Contesto professionale?** Presentazioni interne o ai clienti, presa di appunti, brainstorming, pianificazione di progetti, innovazione, ecc.

- **FAQ?**

  - Cosa rende una mappa mentale così originale?

  - Come si inizia a creare una mappa mentale?

  - Il mind mapping può essere utilizzato per presentare un progetto?

  - Quali sono i principali vantaggi del mind mapping?

  - Come leggere una mappa mentale?

  - Devo usare un software per mappare le mie idee?

  - Devo avere conoscenze informatiche avanzate?

  - Il mind mapping può aiutarmi nello studio?

MAPPATURA MENTALE

Organizzare, innovare e pianificare con il mind mapping

MAPPATURA MENTALE

Organizzare, innovare e pianificare con il mind mapping

scritto da Miguël Lecomte
tradotto par Sara Rossi

50MINUTES.com

○ Una mappa mentale per qualsiasi progetto, davvero?

Nella società moderna, tutti devono essere in grado di adattarsi al flusso crescente di informazioni che ci assale quotidianamente. Inoltre, le richieste e i vincoli di gestione imposti dalla velocità con cui questi dati ci raggiungono ci lasciano spesso impotenti di fronte alla necessità di elaborarli in modo efficiente e in tempi record.

È qui che entra in gioco una tecnica ispirata al funzionamento del cervello umano: la mappatura mentale. Permette all'utente di sintetizzare e strutturare le informazioni stimolando la riflessione nel contesto del lavoro individuale e collettivo. Inoltre, mette da parte il pensiero lineare a favore del pensiero divergente (la capacità di prevedere numerose possibilità in base a una situazione, un'idea o un problema).

In pratica, la mappatura mentale consiste nel creare una mappa mentale su carta o su qualsiasi altro supporto, partendo da un'idea centrale (il tronco) e innestando su di essa applicazioni (i rami) che portano ad altre idee. In seguito a un processo di associazioni mentali, ogni gruppo di idee può essere contraddistinto da un colore distinto, che rende visivamente l'insieme più chiaro, logico, attraente e strutturato. È possibile aggiungere alla mappa mentale anche "accessori" come frecce, capsule, segni, disegni, annotazioni e altre strutture.

I campi di applicazione sono tanto diversi quanto infiniti, per cui potete utilizzarlo come volete, in base alle vostre esigenze attuali, sia in ambito lavorativo (produttività, eventi, ecc.) che domestico (istruzione, tempo libero, vita quotidiana in generale, ecc.) Questo potente processo grafico fornisce una chiave universale per sbloccare il pieno potenziale creativo e logico di un individuo, indipendentemente dal suo livello intellettuale o sociale.

In modo semplice e accessibile, questo libro apre le porte alla mappatura mentale, uno strumento prezioso che ci permette di utilizzare i nostri due emisferi cerebrali quando pensiamo a un determinato argomento.

L'ABC DI UNA MAPPATURA MENTALE EFFICACE

DEFINIZIONE

La mappatura mentale è un metodo, uno strumento di rappresentazione che permette di catturare il pensiero associativo dell'individuo che crea la mappa mentale. La mappa mentale diventa quindi uno specchio di ciò che accade nel cervello: riproduce una visione personale e unica utilizzando il linguaggio immaginario del cervello (parole chiave, immagini, colori, ecc.).

Conosciuta come mappa mentale, carta mentale o mappa delle idee, questo tipo di rappresentazione è un processo che combina parole, pittogrammi e colori intorno a un obiettivo centrale: assume la forma di un grafico a rami, un albero. Legate a questo nucleo, le idee si articolano come rami intorno a un tronco.

MAPPATURA MENTALE AL VOSTRO SERVIZIO

Salute, finanza, lavoro, relazioni, uscite, storia, geografia, scienze, incontri, cucina... Tutte le situazioni comuni della vita, sia personale che professionale, possono richiedere l'uso di mappe mentali.

Il mondo professionale

All'interno di un gruppo, il mind mapping è uno strumento di comunicazione semplice ed efficace. Aumenta il livello di rilevanza delle idee presentate e rappresenta un'alternativa ai comuni metodi di presentazione lineare. Aumenta la creatività che induce e la produttività, perché fa risparmiare tempo e/o denaro grazie alla sua chiarezza e semplicità. Pertanto, contribuisce attivamente alla crescita delle aziende che lo utilizzano. La diversità del suo utilizzo è illimitata, in quanto può essere adattato a ogni caso. Ad esempio, può essere utilizzato per:

- collaborare con colleghi, clienti o partner;

- memorizzare una presentazione o un discorso;

- scrivere articoli, relazioni, lettere o specifiche;

- Organizzare e facilitare progetti o riunioni;

- gestire il tempo dando la priorità ai compiti e a determinate attività;

- sviluppare la creatività, da soli o in una sessione di brainstorming di gruppo, per risolvere un problema o anticipare i rischi potenziali di una nuova situazione;

- prendere appunti durante una conferenza, una riunione, un'intervista o anche la lettura di un libro (non esitate a combinare mappe mentali e appunti tradizionali);

- comunicare nel corso di una formazione, di una presentazione o di un discorso.

Lavorare con gli altri

Poiché la mappatura mentale è un metodo particolarmente adatto a tutto ciò che ha a che fare con la creatività, non è raro che venga utilizzata durante una sessione di brainstorming tra i dipendenti di un'azienda. Questa tecnica attiva la creatività e semplifica la produzione di idee in gruppo. Le interazioni dinamiche generano un gran numero di idee, mentre il metodo permette di organizzarle e analizzarle per estrarre il maggior numero possibile di idee.

In concreto, una riunione di lavoro di questo tipo si svolge come segue:

- **la fase del pensiero divergente (creativo);**
  - Un gruppo – da 4 a 12 persone impegnate, motivate e, soprattutto, molto diverse tra loro – è guidato da un facilitatore il cui ruolo è quello di orchestrare, stimolare e dirigere i partecipanti, lasciando fluire le idee generate senza censure o commenti;
  - La pluralità è fonte di ispirazione e di inventiva; la critica è bandita dall'affermazione di idee grezze, perché in ogni opinione c'è un potenziale;
  - L'immaginazione e la spontaneità sono all'ordine del giorno;

- **la fase del pensiero convergente (critico).** Poi, un po' come nel rugby, è necessario "trasformare la prova", convertire il lordo in netto, trasformare le idee in soluzioni, generare prospettive nuove, perfettibili e realistiche per generare risultati. Alla fine, un numero limitato di idee sarà perfezionato su un determinato tema, mentre un elenco di molte altre sarà messo da parte per analisi e sviluppi futuri.

Possiamo quindi comprendere meglio l'uso e le prestazioni del mind mapping in una sessione di brainstorming. In questo tipo di riunioni, a volte è necessario strutturare file complessi o progetti ambiziosi. L'uso di una mappa mentale lo rende possibile in modo semplice e intuitivo. La gestione di progetti di ogni tipo sarà più semplice, gli elementi così suddivisi in una struttura porteranno potenti opzioni di collaborazione e favoriranno il successo.

 ## RACCOMANDAZIONI ESPLICITE

Come parte di uno scambio collaborativo e per mantenere lo spirito di squadra:

- sappiate che non esistono idee sbagliate e che tutto è soggetto a ulteriori analisi;
- calmare gli elementi dominanti, quelli che monopolizzano gli scambi, altrimenti la riunione diventerà rapidamente sterile;
- incoraggiare la spontaneità;
- ripetete una sessione se necessario, ma non fatela durare troppo a lungo: un'ora scarsa è di solito più che sufficiente.

Per liberare ulteriormente la creatività dei partecipanti, provate a fare un gioco di ruolo con luoghi, personaggi, contesti o attributi diversi.

- Mettetevi nei panni di supereroi come Hulk, Spiderman, ecc. Come percepite il soggetto centrale, ora che avete poteri specifici?

- Cambiare la propria nazionalità per un incontro, con tutto ciò che ne consegue.

- Utilizzate la tecnica del pensiero inverso, cioè cercate il negativo in una situazione positiva e viceversa. Ad esempio, da una domanda come "Cosa posso fare di più?", chiedetevi "Come posso fare il meno possibile? Un altro esempio: "Quale/i vantaggio/i avrebbe un'azienda nel regalare i propri prodotti? L'idea è quella di stimolare il maggior numero possibile di proposte marginali. Da ciò emergeranno alcune soluzioni realistiche e positive, mentre le soluzioni negative, che a volte sono più facili da trovare, possono essere invertite positivamente.

Insegnamento

Lo stesso vale per l'insegnamento, e non è una novità! Una leggenda metropolitana sostiene addirittura che la mappa mentale sia "nata" su un banco di scuola… Quanti studenti abbiamo visto elaborare intuitivamente grafici o riassunti punto per punto per padroneggiare meglio una materia importante?

Inoltre, alcuni software di mappatura mentale offrono l'integrazione con MS Office, consentendo il trasferimento delle idee tra gli studenti e in altri formati. L'utilità delle mappe mentali in questo contesto è altrettanto ampia che nel mondo professionale, sia per gli studenti che per gli insegnanti. Sono particolarmente utili per:

- presentare uno schema del corso;

- visualizzare i concetti;

- scrivere memorie e saggi;

- migliorare il pensiero critico, esplorando diversi punti di vista;

- Sessioni di brainstorming;

- ecc.

PREPARAZIONE

Sfruttare al meglio il cervello

Prima di tutto, è importante capire come funziona il cervello. Il cervello è composto da 170 miliardi di cellule – di cui 100 miliardi sono neuroni – che ci permettono di pensare, parlare, immaginare, pianificare, ecc. È diviso in due emisferi: il sinistro, che gestisce funzioni concrete come il calcolo, l'udito, il linguaggio e l'analisi logica; e il destro, che governa l'intuizione, la visione, l'interpretazione e le emozioni.

Poiché coinvolge entrambi gli emisferi, a differenza del tradizionale prendere appunti, la mappa mentale vuole essere un riflesso fedele del modo in cui il cervello analizza ed elabora le informazioni: emerge un'idea (idea centrale), poi, nel corso dell'analisi, si formano delle diramazioni (linee di pensiero) fino ad articolarsi progressivamente intorno all'argomento centrale. La presentazione in una struttura ad albero, l'uso di colori, immagini e varie parole chiave per distinguere le idee e l'evidenziazione dei collegamenti tra questi elementi consentono al nostro cervello umano di integrare il messaggio trasmesso più rapidamente rispetto alla lettura di un testo continuo.

Tuttavia, poiché l'uomo è soprattutto un animale sociale, per utilizzare al meglio il suo cervello deve imparare a condividere, ascoltare e dialogare con gli altri. Sebbene il mind mapping sia uno strumento per uso personale, è adatto anche all'uso comunitario. Mettete le vostre creazioni a disposizione di colleghi, familiari e amici per generare un massimo di aperture e potenzialità.

Organizzare l'attrezzatura

Uno dei punti di forza della mappa mentale è che richiede pochissimo materiale per essere sviluppata:

- un supporto cartaceo (ad esempio un quaderno con fogli staccabili), in modo da poter facilmente scambiare e classificare le idee in ordine quando si prendono appunti veloci. Questo tipo di foglio è anche molto utile se si vuole o si deve prestare, scannerizzare o fotocopiare uno o più elementi contenuti nei fogli;

- matita, gomma, temperino per le prime bozze e gli schizzi;

- un pennarello o una penna a inchiostro cancellabile per pulire;

- Pennarelli o matite colorate per organizzare le informazioni per colore;

Se preferite lavorare al computer, dovrete familiarizzare con uno dei numerosi software disponibili a questo scopo. Tuttavia, bisogna sapere che, sebbene presentino alcuni vantaggi, come la possibilità di modificare la mappa a piacimento o di condividere rapidamente le informazioni, lasciano meno spazio alla creatività.

Ognuno di noi ha un modo personale di lavorare. Con il tempo perfezionerete la vostra cassetta degli attrezzi.

REALIZZAZIONE

Organizzare le idee

Soprattutto se il vostro obiettivo è quello di fare una sessione di creatività utilizzando le mappe mentali, dovrete prima entrare nel giusto stato d'animo. Preparate la vostra mente per massimizzare le possibilità di successo. Ecco una tecnica molto semplice in tre fasi che vi aiuterà a farlo:

- concentratevi sulla visualizzazione dell'obiettivo, che motiverà le vostre azioni per raggiungerlo, e dimenticatevi di tutto il resto. Visualizzare l'ideale significa armarsi della volontà di raggiungerlo;

- immaginate un'idea, un problema, un concetto e fatevi un'idea cercando di dargli un'immagine;

- utilizzate questa immagine come punto di partenza per la vostra riflessione e poi aggiungete tutte le possibili ramificazioni, come le azioni da intraprendere, gli accessori necessari, le domande da sollevare, ecc.

Realizzare la mappa mentale

In pratica, per mettere tutto questo su carta, potete creare una mappa mentale. Poiché non è sempre facile organizzare le idee in modo chiaro, l'uso di una mappa mentale fornirà una base solida e una struttura per i vostri pensieri, consentendovi di evitare di annegare nella quantità di informazioni prodotte.

Iniziate a creare delle bozze a partire dal vostro tema principale. Collegate uno, poi più elementi, qualsiasi cosa vi venga in mente – ma cercate di non superare la decina di questi elementi al primo livello – e sintetizzateli in un'unica parola chiave, disegno o pittogramma.

 **PAROLE CHIAVE UNICHE**

Evitate frasi, anche di due parole, che blocchino la vostra immaginazione bloccandola nella prima casella a cui avete pensato. Una sola parola incoraggerà più associazioni. Se, ad esempio, la parola chiave precedente vi ha portato all'idea di "bouquet di fiori", è probabile che vi concentriate solo su quell'immagine. Al contrario, inserendo semplicemente "fiori" si potrà allargare l'attenzione ad altri concetti, come "giardino", "natura", "aiuola", "raccolta", "crescita", "primavera", ecc.

Scoprirete presto che da un'idea ne nascono altre quattro o cinque, che a loro volta ispirano ulteriori brainstorming: letteralmente tonnellate di idee! Provate diverse alternative in linea con il concetto centrale. Mantenete una buona dose di spontaneità e aprite così il campo delle possibilità. Non esitate a cancellare, depennare, cancellare, tornare su un'idea, ecc. Solo dopo si deve pulire.

Collegate queste idee tra loro, utilizzando frecce, pittogrammi e/o disegni. L'uso di disegni mnemonici e di annotazioni utili ci rafforza nella ricerca e nel raggiungimento dell'obiettivo. Nella nostra immaginazione sono molto suggestivi e ci fanno intravedere possibilità sorprendenti. Arricchiscono la nostra capacità di affrontare e sviscerare un tema.

Esempi di associazioni:

- cane = difesa;

- mattone = costruire;

- uccello = libertà;

- indice puntato = andare a;

- bomba = attenzione;

- e così via in base alla vostra percezione personale.

Alcuni esempi di pittogrammi:

Per quanto riguarda l'uso dei colori, l'ultimo punto essenziale da notare, essi svolgono un ruolo fondamentale nello sviluppo della vostra mappa mentale, per due motivi:

- sono impresse nel nostro intelletto e codificate in modo impressionante. Evidenziano diversi concetti e ci ricordano alcuni codici specifici della vita quotidiana:

  - rosso = rivoluzione, amore per la vita, passione;

  - nero = mistero, silenzio, autorità, dolore;

  - blu = spazio, oceano, incontro;

  - giallo = gioia, festa, condivisione;

  - bianco = pace, calma, serenità, purezza;

  - ecc.

- sono deliziose! La mescolanza dei colori, la diversità delle tonalità, il potere emotivo che inducono: tutto ciò seduce l'occhio e ci mette spontaneamente di buon umore. Una persona allegra ha molte più probabilità di raggiungere i propri obiettivi rispetto a una persona noiosa, e conserviamo meglio ciò che ci piace.

👁 ALTRI SUGGERIMENTI

- Disegnate i rami centrali più spessi di quelli secondari, per mostrare al vostro cervello l'ordine di importanza delle idee.

- Evidenziare determinati contenuti variando le dimensioni dei caratteri o la formattazione, ingran-dendo alcune immagini, ecc.

- Non mettete le parole chiave in una cornice o in una bolla, lasciatele libere: saranno una fonte di creatività nella vostra mente.

- Evidenziate invece con una nuvola colorata/circolo/quadrato i rami che formano un insieme logico (stessa idea, stesso concetto, ecc.).
- Se si utilizza un software, aggiungere collegamenti ipertestuali a fonti, riferimenti o informazioni aggiuntive.
- Se state realizzando la vostra mappa mentale a mano, scrivete le parole in linea retta per una migliore visibilità.
- Collegate bene i rami, non lasciate spazi vuoti tra due elementi, per collegare le idee nella vostra mente.
- Quando pensate di aver finito, aggiungete qualche ramo vuoto per stimolarvi e incoraggiare il vostro cervello a creare nuove associazioni di idee.

UN ESEMPIO DI APPLICAZIONE: PRIMO ROMANZO

"Ad essere sincero, non conoscevo le mappe mentali quando ho iniziato il mio primo romanzo. È rimasto inattivo nel mio cassetto per circa dieci anni, prima che un giorno rispolverassi le prime 90 pagine che avevo scritto e la mappa mentale che avevo usato.

"Vedete, è molto (troppo) semplicistico. Avrei potuto disegnare un libro con la scritta "Roman" per dare un "tono" visivo, mettere un po' di colore, disegnare pittogrammi, fare annotazioni, approfondire con nuove diramazioni, ecc."

"Ci sono così tante possibilità che vi invito a provare e riprovare, a imparare i diversi metodi, a inventare, a creare. I vostri inizi possono assomigliare al mio fragile schizzo (anche se mi ha aiutato a costruire il mio primo romanzo, perché nella mia prima pagina non sapevo dove stavo andando; avevo solo la mia idea iniziale. La chiarezza di quel piccolo disegno mi ha portato in diverse direzioni positive, e così via), ma molto rapidamente, in modo intuitivo e personale, la vostra mappa mentale crescerà, fino a raggiungere un risultato che vi soddisfa."

 SOFTWARE FREEMIND

Freemind è uno strumento prezioso e gratuito (almeno la versione base) che vi aiuterà a creare le vostre mappe mentali. Per trovarlo, fate una semplice ricerca con il vostro motore di ricerca.

A proposito, ecco cosa sarebbe potuto diventare il mio "fragile schizzo" con uno strumento appropriato come Freemind o qualsiasi altro software per questo scopo (anche Word, LibreOffice, ecc.).

"E così via, perché ovviamente possiamo sempre rielaborare la mappa, finché abbiamo delle idee. Si noti che avremmo potuto farlo anche a mano, è solo una questione di presentazione. In realtà, tutto dipende dai vostri desideri e dalle vostre esigenze.

Andiamo oltre!

I MIGLIORI CONSIGLI

- Posizionare il foglio in modalità "paesaggio" per favorire una migliore organizzazione dello spazio e una visione più ariosa.

- Utilizzate le parole chiave per creare associazioni di idee pertinenti. Evitare frasi, anche brevi, che limitano il pensiero.

- Date priorità alle vostre idee utilizzando elementi grafici:

  - Se possibile, utilizzate immagini e pittogrammi, il loro impatto è più immediato;

  - disegnare i rami centrali più spessi di quelli periferici. Questo indicherà al cervello i livelli di importanza nella mappa mentale;

  - variare la dimensione dei caratteri per enfatizzare la forza di alcune parole;

  - Create l'illusione del volume aggiungendo effetti 3D ai vostri disegni per dare loro più peso e presenza. Questo rafforza il loro impatto sul cervello e la piacevolezza della mappa mentale, che a sua volta la renderà più facile da ricordare;

  - I colori sono estremamente importanti per distinguere le idee l'una dall'altra. Partendo dall'elemento centrale, utilizzate un colore per ogni ramo di primo livello; questo renderà il vostro lavoro più strutturato e bello;

- Classificate le idee in ordine numerico o alfabetico, per rendere la mappa mentale più facile da leggere e da ricordare.

- Aggiungete rami vuoti per incoraggiare il cervello ad associare nuove idee.

- Scrivere le parole in modo leggibile, senza cancellature (per il lavoro in rete). Un documento pulito e ordinato fa venire voglia di immergersi.

- Da soli è bene, insieme è meglio! È più amichevole e come gruppo generiamo più idee diverse.

- Assicuratevi di avere un luogo di lavoro (e per gli altri, se siete in gruppo) che sia adatto a voi.

- L'esiguità dell'attrezzatura necessaria rende la mappatura mentale un'attività poco costosa. Ricordate quindi di acquistare utensili di qualità.

- Sono disponibili molti pacchetti software, la maggior parte dei quali di buona qualità. Testate e scegliete il migliore per la vostra attività.

- Condividete la vostra esperienza e le vostre creazioni sul web, con la vostra famiglia e i vostri amici, e sarete più ricchi per questo.

FAQ

COSA RENDE UNA MAPPA MENTALE COSÌ ORIGINALE?

La mappa mentale è un metodo originale per il suo funzionamento: è organizzata per associazioni di idee, proprio come il cervello. Molto visuale, consente di raccogliere rapidamente in un'unica pagina le idee personali o quelle espresse durante una riunione o un colloquio. Così, facilitando la presa di appunti, aiuta anche la memorizzazione grazie ai collegamenti che si formano tra gli elementi.

Tuttavia, se gli elementi da prendere in considerazione sono molti, la mappa mentale diventerà rapidamente illeggibile; in questo caso, è sempre possibile suddividere la mappa in sotto-mappe su fogli separati, per semplificare le informazioni e quindi la loro presentazione e memorizzazione.

COME SI INIZIA A CREARE UNA MAPPA MENTALE?

Se volete realizzare una mappa mentale con un software, dovrete iniziare a padroneggiarlo bene, poiché uno dei principali vantaggi della mappa mentale è la velocità con cui vi permette di organizzare le vostre idee, un vantaggio che andrà perso se vi confondete con il software che avete scelto.

Se scegliete il metodo tradizionale, su un foglio di carta o su una tavola, dovreste iniziare identificando il tema, o l'idea principale, della carta e rappresentarlo al centro del vostro supporto. Sebbene questo possa essere fatto semplicemente con una parola, potete anche porvi la domanda "Quale immagine evoca meglio questa idea per me?" e illustrarla con un disegno o un pittogramma evocativo. Da lì, lasciate che le idee vengano a voi, senza pensare troppo a come organizzarle: all'inizio, scrivete i collegamenti che vi vengono spontanei. Ci sarà sempre tempo per lavorare sulla coerenza in seguito.

SI PUÒ USARE IL MIND MAPPING PER PRESENTARE UN PROGETTO?

È possibile farlo, naturalmente. Tuttavia, sappiate che se questa mappa ha senso per voi, che l'avete creata, non necessariamente avrà senso per gli altri. Dimenticate la bozza utilizzata per sviluppare le idee e rielaborate la mappa mentale in modo che sia chiara per il maggior numero di persone possibile. Presentate una mappa il più possibile semplice e ben strutturata, utilizzando colori e parole chiave. Il suo aspetto sintetico e visivo lo renderà, in queste condizioni, un eccellente strumento di comunicazione.

QUALI SONO I PRINCIPALI VANTAGGI DEL MIND MAPPING?

- È uno strumento facile da imparare; chiunque può creare una mappa mentale.

- La mappatura mentale richiede l'uso di entrambi gli emisferi cerebrali, al contrario di un'organizzazione lineare delle idee. In questo modo è possibile strutturare meglio le idee.

- È multifunzionale.

- L'annotazione è facilitata dall'uso di parole chiave, pittogrammi e frecce.

- L'impatto visivo di questo strumento vi permette di catturare l'attenzione, la vostra per concentrarvi meglio sulle vostre idee, o quella del vostro pubblico per ascoltarvi meglio, data la sua forma originale, giocosa e creativa.

- Quando presentate a un pubblico, il vostro discorso sarà facilmente adattabile e sembrerà più flessibile e naturale grazie all'uso di una mappa mentale: potrete passare facilmente da un'idea all'altra senza perdere il filo del discorso.

- La mappa mentale fornisce una rapida panoramica dell'argomento nel suo complesso, facilitando la comprensione dei collegamenti tra i diversi elementi.

- Infine, presentare le idee in questo modo aiuta a ricordarle.

COME LEGGERE UNA MAPPA MENTALE?

Una mappa mentale si legge dal centro verso l'esterno. Il diagramma viene solitamente letto partendo dall'alto a destra e poi in senso orario.

Naturalmente è possibile adottare un approccio più personale, ad esempio se solo una parte specifica della mappa mentale è importante per voi. In questo caso, potreste concentrarvi su un ramo specifico della mappa, oppure leggerla nel suo complesso, sottolineando ciò che vi interessa particolarmente.

DEVO USARE UN SOFTWARE PER MAPPARE LE MIE IDEE?

Come abbiamo visto, per creare una mappa mentale è sufficiente un semplice foglio bianco. Ora, tutto dipende dal livello che si vuole raggiungere con questo strumento. Se è per uso personale, un software faciliterà sicuramente il vostro lavoro, ma non è obbligatorio. D'altra parte, per scopi professionali, è consigliabile, per motivi di pragmatismo, velocità e produttività.

DEVO AVERE CONOSCENZE INFORMATICHE AVANZATE?

No. I software gratuiti come Freemind sono molto semplici. Tutto è stato pensato sia per i principianti che per i più esperti. Diciamo che una conoscenza di base del software per ufficio (Word, Libre Office, ecc.) vi aiuterà a familiarizzare rapidamente con lo strumento.

IL MIND MAPPING PUÒ AIUTARMI NELLO STUDIO?

La mappatura mentale offre molte possibilità agli studenti:

- per prendere appunti;
- per riassumere un libro;

- di ripassare le lezioni prima di un esame e di memorizzare gli elementi importanti;

- per organizzare le loro idee prima di iniziare a scrivere un articolo;

- per pianificare il loro lavoro;

- ecc.

UNA MAPPA MENTALE PER QUALSIASI PROGETTO, DAVVERO?

Potrebbe essere utilizzato, ad esempio, per coltivare un orto? Sì, è possibile! Prendiamo l'ottimo esempio dell'orto come tema principale. Da lì partiranno i rami con le piantine, le varietà di ortaggi, le stagioni, i metodi di coltivazione, gli attrezzi da giardinaggio, i fertilizzanti, ecc. Questo è un modello su piccola scala; si potrebbe usare la mappatura mentale per impostare un progetto imprenditoriale o per speculare sul mercato azionario!

STA A VOI DECIDERE!

La mappa mentale in cinque passi:

FASE 1

Fate vostro il tema principale della vostra mappa mentale - nel nostro esempio "imparare una lingua" - dandogli un'immagine o un disegno evocativo che abbia un impatto più diretto sulla mente rispetto alle sole parole.

PASSO 2

Posizionate questa immagine al centro del foglio, possibilmente con il tema principale, e coloratela con diversi colori in modo che attiri l'attenzione. Aggiungere volume, ombre, dettagli, ecc. Prendetevene cura, è il cuore del vostro progetto.

PASSO 3

Iniziate aggiungendo alla mappa da 5 a 12 rami per registrare le vostre prime idee (parole chiave) e immagini (immagini chiave). Tenete sempre presente il tema (idea centrale) che avete scelto. In questa fase, se le associazioni di idee vi stanno già venendo, lasciatele venire e create già dei sotto-rami; non c'è bisogno di limitarsi a fare le cose in ordine.

PASSO 4

Arricchite la vostra mappa con nuove immagini e parole chiave correlate alle precedenti (quelle del "primo livello"). Rilassatevi e aguzzate la mente. Fate maturare le vostre idee sviluppando i rami della vostra mappa mentale.

PASSO 5

Continuate con lo stesso spirito ed espandete la vostra mappa mentale fino a quando il risultato vi piace. Ora potete aggiungere tutti i dettagli che completeranno e miglioreranno il vostro lavoro.

- Firmare i disegni, innestarne altri.

- Riorganizzare le idee se necessario (cosa sempre più facile se si lavora con un software).

- Aggiungere/modificare/rimuovere i colori.

- Ristrutturare il contenuto.

- Inserire pittogrammi.

- Usate la vostra immaginazione, abbellitela.

PER ANDARE OLTRE

FONTI BIBLIOGRAFICHE

- DELADRIÈRE (Jean-Luc), LE BIHAN (Frédéric), MONGIN (Pierre) e REBAUD (Denis), *Organisez vos idées avec le Mind Mapping*, Parigi, Dunod, 2004-2007.

- DELANGAIGNE (Xavier) e MONGIN (Pierre), *Aumentate la vostra efficienza con FreeMind, FreePlane e Xmind. Bien démarrer avec le Mind Mapping*, Paris, Eyrolles, 2010.

FONTI AGGIUNTIVE

- Sito web di Mindomo. https://www.mindomo.com/fr/

- Sito web di MindMeister. https://www.mindmeister.com/fr

- Sito web di MindJet. http://www.mindjet.com/

- Sito web di MindNote https://mindnode.com/

Vogliamo sapere da voi!
Lasciate un commento sulla vostra biblioteca online
e condividete i vostri libri preferiti sui social media!

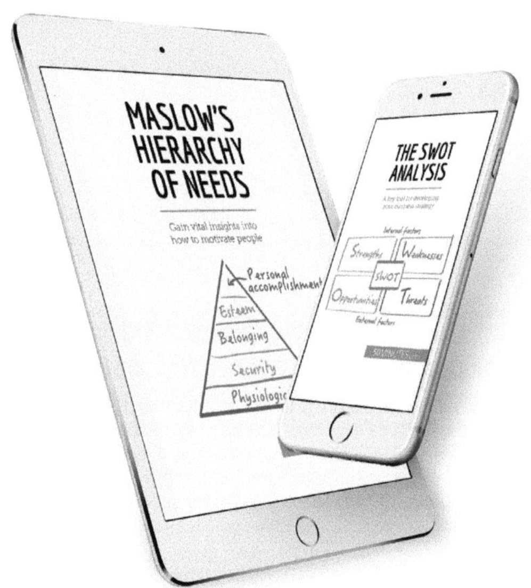

IMPROVE YOUR GENERAL KNOWLEDGE

IN THE BLINK OF AN EYE!

www.50minutes.com

L'editore garantisce l'affidabilità delle informazioni pubblicate,
che non possono tuttavia impegnare la sua responsabilità.

Master ISBN: 9782808608213
ISBN cartaceo: 9782808609425
Deposito legale: D/2023/12603/127

Design digitale: Primento,
il partner digitale degli editori.